Christa Koppensteiner, Christl Meixner

Lese- und Lernprofi 1

Sinnerfassend lesen lernen mit Theo, dem Lesewurm

Lehrerkommentar
mit Lösungen

Mildenberger

Inhalt

Einleitung

Beschreibung der einzelnen Aufgaben

Lesekompetenz

Die Lebenssituation der Kinder, ihr Freizeitverhalten und ihre Mediennutzung befinden sich in einem Wandel. Kommunikative Kompetenzen werden immer wichtiger. In unserer Wissens- und Informationsgesellschaft ist die Lesekompetenz, d.h. die Aufnahme und kritische Verarbeitung schriftlich fixierter, sprachlicher Informationen, eine wichtige Schlüsselqualifikation, die die Teilnahme am gesellschaftlichen und kulturellen Leben ermöglicht.

Was versteht PISA unter Lesekompetenz?

Lesekompetenz bedeutet mehr als nur „lesen können". Lesekompetenz ist die Fähigkeit, unterschiedliche Texte in ihren Aussagen, Absichten und formalen Strukturen zu verstehen, sie in einen größeren Zusammenhang einzuordnen und für verschiedene Zwecke sachgerecht zu nutzen. Dementsprechend hilft Lesekompetenz nicht nur dabei, persönliche Ziele zu erreichen, sondern sie stellt auch eine Bedingung für die Weiterentwicklung jeglicher Art selbstständigen Lernens dar und bildet somit eine wichtige Voraussetzung für die Teilnahme am gesellschaftlichen Leben.

(vgl. PISA 2000, hrsg. v. Cordula Artelt u. a., Berlin 2001, S. 11)

Die PISA Rahmenkonzeption unterscheidet für den Bereich Lesen drei Aspekte, die für das Textverstehen von zentraler Bedeutung sind:

1. Art des Textes

- Prosatexte/fortlaufende Texte (Erzählungen, Kommentare, Glossen ...)
- nicht fortlaufende/diskontinuierliche Texte (Formulare, Gebrauchsanweisungen, Grafiken, Karten ...)

2. Art der Leseaufgabe

Es kommt nicht auf die Lesegeschwindigkeit an, sondern auf das Textverständnis und die Einordnung der Texte in alltägliche Lebenszusammenhänge:

- Informationen aus einem Text entnehmen
- Textverständnis entwickeln
- textbasierte Interpretationen entwickeln
- über den Inhalt des Textes reflektieren
- über die Form des Textes reflektieren

3. Art der Situation, der der Text entstammt

Texte haben unterschiedliche Kontexte privater, öffentlicher, berufsbezogener und bildungsbezogener Art.

Des Weiteren werden folgende Aspekte der Lesekompetenz unterschieden:

- Informationen ermitteln
- textbezogen interpretieren
- reflektieren und bewerten

PISA unterscheidet fünf Stufen der Lesekompetenz. Diese beschreiben die Fähigkeit, Aufgaben unterschiedlicher Schwierigkeitsgrade lösen zu können. Der Schwierigkeitsgrad ist dabei unter anderem bestimmt durch die Komplexität eines Textes und die Vertrautheit mit dem Kontext.

(vgl. www.pisa.ipn.uni-kiel.de/fr_reload.html?lesen.html)

Schulische Leseförderung

Lesen und schreiben lernen verläuft weder linear, noch folgt es der Logik eines schulischen Lehrgangs.

Die Schule kann nur einen begrenzten Beitrag zur Förderung von Lesekompetenz leisten. Weder die kognitiven Grundvoraussetzungen, die ein Kind mitbringt, noch die Sozialisationsbedingungen im familiären Umfeld lassen sich wesentlich beeinflussen.

Aufgabe des schulischen Unterrichts ist es,
- das sprachliche Repertoire durch Reflektieren über Sprache zu erweitern,
- selbstständigen Umgang mit Büchern zu fördern,
- die Nutzung des Buches als Informationsquelle anzuregen und
- das Leseinteresse zu fördern.

Schulische Leseförderung muss insbesondere bei der Lesemotivation ansetzen. Gelingt es der Schule, Lesefreude zu wecken, zum Lesen anzustiften und dem Lesen einen festen Platz im Alltagsleben der Kinder und Jugendlichen und vielleicht sogar ihrer Familien zu verschaffen, dann wird sich auch die Lesekompetenz weiterentwickeln.

Leseinteresse

Kinder sollen eine positive Einstellung zum Lesen erhalten, die Lesefreude soll geweckt werden. Doch oft ist genau das Gegenteil der Fall: Kinder empfinden Lesestunden als langweilig.
Was ist die Ursache?

Lesen ist ein sehr komplexer Prozess. Lesen ist ein höchst anstrengender Vorgang, denn es erfordert viel mehr als das Beherrschen einer Technik (Rekodieren: Buchstaben in Laute übersetzen und zu Wörtern verschleifen), es umfasst immer auch eine Sinn- bzw. Bedeutungsentnahme. Dabei laufen vier Teilprozesse ab, die die Silben-, Wort-, Satz- und Textebene betreffen. Auf der untersten Ebene werden Silben und Wörter erkannt und einzelne Wortbedeutungen erfasst. Auf der nächsthöheren Ebene werden semantische und syntaktische Relationen innerhalb der Sätze und zwischen ihnen hergestellt. Auf der folgenden Ebene werden Sätze satzübergreifend zu Bedeutungseinheiten zusammengefasst. Darauf aufbauend entsteht eine Auseinandersetzung mit dem Gelesenen, das mit dem Vorwissen abgeglichen wird.

Dieses Bündel von Fähigkeiten und Strategien erfordert große Konzentration und das ist für schwache Leser* anstrengend und mühsam.

Dazu kommt noch die Angst, etwas vorlesen zu müssen und dabei bloßgestellt zu werden. Beim Vorlesen konzentriert sich das Kind auf das Rekodieren und verliert die Aufmerksamkeit für den Sinngehalt des Textes. Gute Leser hingegen werden von der Schwierigkeit und/oder der Länge des Textes manchmal unterfordert. Ein Ausweg ist das sogenannte „stille Lesen“. Natürlich werden leseschwache Kinder immer wieder lesetechnische Übungen unterschiedlicher Art brauchen, in eigens dafür bestimmten Unterrichtssequenzen. Wichtig ist aber, dass Kinder von Anfang an das, was sie lesen, auch verstehen können.

* Aus Gründen der Übersichtlichkeit wurde in diesem Heft auf die weibliche Anrede verzichtet. Selbstverständlich gelten sämtliche Anreden sowohl für weibliche als auch für männliche Personen.

Lesen ist Verstehen

Wenn das Lesen von Texten nicht mit der Entnahme von Informationen einhergeht, kann nicht von Lesen gesprochen werden.

Der überwiegend technische Vorgang des Umwandelns von geschriebenen Silben in gesprochene Laute und des Verschleifens von Wörtern hat noch nichts mit der kommunikativ bestimmten Funktion des Lesens zu tun.

Der methodische Weg, Lesen zu „üben" durch lautes Reihum-Vorlesen eines unbekannten Textes, ist für das Ziel des Verstehens kontraproduktiv. Die Kinder konzentrieren sich dabei auf den Rekodierungsvorgang und verlieren die Aufmerksamkeit für den Sinngehalt des Textes.

Lesen ist ein komplexer kognitiver Prozess, bei dem das gesamte sprachliche Wissen sowie sprachliche und außersprachliche Erfahrungen und das „Weltwissen" eines Menschen aktiviert werden müssen. Zudem ist dieser Prozess mit emotionalen Bewertungen verbunden.

Lesen ist ein steter hypothesentestender Vorgang (mit stetiger Antizipation, Hypothesenbildung und -überprüfung).

Ein Text wird von jedem Kind auf seine ganz individuelle Weise wahrgenommen, dabei spielt der emotionale Bezug zum Inhalt eine Rolle, das „Vor-Weltwissen", gesteuert von der Sinnerwartung des Textes. So gelangt die Information eines Textes durch einen bestimmten Filter in das Bewusstsein des Lesers, wobei auch die einzelnen Wörter eine ganz subjektive Bedeutung haben können.

Dazu kommt noch, dass man als Leser nicht nur den Sinn eines Satzes erkennen, sondern auch die übergreifende Bedeutung erfassen muss. Diese ist oft erst aus dem Zusammenhang erfahrbar. Das kann zu erheblichen Verstehensschwierigkeiten führen, vor allem bei Kindern, die keine deutschen Muttersprachler sind. Allerdings gibt es bei vielen Texten oft eine gemeinsame Vorstellung der Dinge, die auf unserem Alltagswissen beruht.

Verstehendes Lesen braucht aber auch Kenntnis der Strukturen. Der Leser muss die inhaltlich zusammengehörenden Teile eines Satzes, das heißt die einzelnen Satzglieder, als Sinneinheit begreifen können. Wenn ein Kind einen Satz liest, muss es auch wissen, wie die einzelnen Teile zusammengehören.

Lesen ist dementsprechend auch ein ständiges Ordnen, Sortieren, Abwägen, Erkennen und Verstehen.

Lesen setzt also Verständnis voraus.

Der Leseprozess wird bei Leseanfängern anders sein als bei geübten Lesern. Leseanfänger lesen Silbe für Silbe, haben Schwierigkeiten beim Zusammenlauten. Geübte Leser hingegen springen mit den Augen von einem Wort zum nächsten, sie erfassen oft eine ganze Wortgruppe.

Sinnerfassendes Lesen

Die Fähigkeiten, die zum Texterschließen gebraucht werden, können gezielt trainiert werden.

Ein Text ist nach bestimmten Regeln konzipiert. In einem Text finden sich Verknüpfungen im Hinblick auf syntaktische, semantische und pragmatische Merkmale. Hat der Leser alle Verknüpfungsmerkmale erfasst, dann versteht er den Text.

Methoden zur Texterschließung lassen sich trainieren durch

- Wecken von Interesse und Schaffen von Lesemotivation
- einen Bezug zur Lebenswirklichkeit
- Austausch von Leseerfahrung
- Beobachten der unterschiedlichen Kompetenzstufen
- Erkennen der Bedeutung und Umsetzen des „stillen Lesens“
- Ritualisieren der Überprüfung des Textverständnisses
- Thematisieren des Textverstehens
- Sensibilität für Verständnisprobleme
- Reflexionsgespräche über Textgeschehen
- Nutzung der Selbsteinschätzung
- Ermittlung von Worterklärungen aus dem Kontext
- spielerischen Umgang mit Sprache

Lesefertigkeit

Man unterscheidet fünf Stufen der Lesefertigkeit:

1. Stufe: Lese-Basis
Sprechen + Hören + Sehen

Auf dieser Stufe erwerben die Kinder wichtige Vorläuferfertigkeiten für das Lesen – vor allem Verständnis für Schrift (Silben/Laut-Beziehung) und das phonologische Bewusstsein – die Fähigkeit, Silben zu erkennen und zu differenzieren.

2. Stufe: Lese-Technik
Laut + Buchstabe = Wort

Die Kinder erlernen die ersten Leseschritte: von der Strategie, bei der sie Silbe für Silbe „zusammenlautend“ zu Wörtern zusammensetzen, bis zur lexikalischen Strategie, bei der Kinder ganze Wörter erkennen und in ihrem Gedächtnis speichern.

3. Stufe: Lese-Sicherheit
Vom Wort zum Text

Auf dieser Stufe vertiefen die Kinder sicheres und flüssiges Lesen. Es gilt: Wer gern liest, liest viel. Wer viel liest, liest gut. Wer gut liest, liest gern.

Kinder brauchen jetzt vor allem Texte, die für sie erkennbaren Sinn machen, die ihnen Spaß bereiten, Neugier wecken oder ihrem individuellen Interesse entgegenkommen.

4. Stufe: Lese-Verständnis
Texte machen Sinn

Auf dieser Stufe entwickeln die Kinder bewusste Lesestrategien, um einen Text zu gliedern und zu verstehen.

Den Sinn eines Textes erfassen, ihm wichtige Informationen entnehmen und diese auch verarbeiten und anwenden können, sind die Ziele dieser Stufe. Damit ein Text als Ganzes erfasst werden kann, lernen Kinder ihn zu gliedern: in Sinnschritte, in Abschnitte, in Wichtiges und Unwichtiges. Sie lernen Schlüsselwörter zu erkennen, für sie Wesentliches herauszusuchen und Texte zusammenzufassen.

5. Stufe: Lese-Reflexion
Text und Kontext

Auf dieser Stufe beginnen die Kinder, Texte zu interpretieren und über sie zu reflektieren.

Vergleichen, interpretieren, kommentieren, den Text weiterspinnen, eigene Gefühle und Erfahrungen einbringen, mit den Autoren oder mit anderen Lesern ins Gespräch kommen – das zeichnet kompetente Leser aus.

Wichtig ist auf dieser Stufe, die Kinder zu ermutigen, ihren eigenen, persönlichen Zugang und eine eigene Meinung zu Texten zu finden und diese mit anderen auszutauschen.

Diese 5 Stufen sollen dem Lehrer helfen, die Kinder einzuschätzen, sie zu beobachten und ihnen entsprechende Hilfestellungen anbieten zu können, falls sie auf einer Stufe „stecken bleiben“ sollten.

Lesebereitschaft

Kinder sind für alles zu begeistern, wenn es ihnen in kindgerechter und sinnvoller Weise angeboten wird. Drillübungen lehnen Kinder ab, da sie keinerlei Sinn darin sehen. Durch interessante Lesetexte werden die Kinder angeregt, sich mit dem Inhalt auseinanderzusetzen.

Viele Texte, die den Kindern angeboten werden, sind vollgestopft mit einem Wortschatz, den sie nicht verstehen können, weil er nicht aus ihrer Wissensumgebung stammt. Wenn nur wenige unbekannte Wörter im Text vorkommen, sind die Kinder gerne bereit, sich damit auseinanderzusetzen.

Kinder entwickeln durch ständiges, lustvolles Lesen Strategien, die ihnen helfen, unbekannte Texte zu entschlüsseln. So kann die Steigerung von unbekannten Ausdrücken langsam und behutsam erfolgen. Kinder wollen sich angesprochen fühlen und in die Lesewelt eintauchen. Das gelingt nur, wenn die Texte ihrer Wesensumgebung angepasst sind. Wenn Kinder von Anfang an Strategien zum Entschlüsseln von Texten entwickeln können, baut sich automatisch eine Lesekompetenz auf.

Lese- und Lernprofi 1

Der „Lese- und Lernprofi"-Band 1 konzentriert sich darauf, in kindgerechter Weise Strategien für das sinnerfassende Lesen vorzustellen und aufzuzeigen, wie einfach diese anzuwenden sind.

Der Band richtet sich an Kinder am Ende des ersten Schuljahres, an dem der Lese- und Schreiblehrgang abgeschlossen ist. Um den Schülern das Lesen zu erleichtern, sind sämtliche einführende und erzählende Texte in Silben gegliedert gedruckt.

Die Kinder sind neugierig darauf, ihre bisherigen Leseerfahrungen anwenden zu können.

In vielen Lesebüchern entsprechen die Texte aber oft nicht den Erwartungen der Kinder, denn

- die Inhalte sind nicht kindgerecht,
- manche fühlen sich unterfordert,
- manche haben Mühe, diese Texte zu verstehen, oder
- die Texte sind zu lang oder zu lehrbuchhaft.

Das „Lese- und Lernprofi"-Heft spricht die Kinder jedoch direkt an. Es ist so aufgebaut, dass die Kinder in ein Gespräch verwickelt werden, sie nehmen aktiv am Geschehen teil. Sie erfahren nicht etwas, das irgendwann einmal geschehen ist, sondern sie sind im Mittelpunkt und werden aufgefordert mitzumachen.

Die Übungen können Schritt für Schritt nachvollzogen werden.

Theo, der Lesewurm, begleitet die Kinder durch das Werk. So fühlen sie sich von Anfang an persönlich angesprochen.

Lesetechnik

Mit allen Sinnen lesen

Es sind drei Einführungsübungen zu finden:

Das Geheimnis eines guten Lesers
Bilder im Kopf machen
Lesen mit allen Sinnen

Es geht hier nicht um eine theoretisch gehaltene Einführung. Am Beginn begrüßt Theo, der Lesewurm, die Kinder. Er stellt sich vor und erklärt, was er tun wird:

Herzlich willkommen!

Ich bin Theo, der Lesewurm, und ich werde dich durch dieses Heft begleiten. Bald wirst du ein richtiger Lesewurm sein.

Kennst du schon das Geheimnis eines guten Lesers? Weißt du schon, wie du dir auch merken kannst, was du gelesen hast?

Nein?

Dann pass gut auf!

So fängt das Heft an. Damit ist schon eine gewisse Spannung aufgebaut, die Kinder wollen wissen, was der Lesewurm eigentlich macht.

Übung 1 – Das Geheimnis eines guten Lesers, S. 5

In kurzen, einfachen Sätzen erklärt Theo, was beim Lesen wichtig ist.
Theo erklärt dann sehr anschaulich, dass man sich beim Lesen Bilder im Kopf machen muss.

In kleinen, nachvollziehbaren Schritten wird dieser Vorgang beschrieben und dann wiederholt, sodass die Kinder den Gedankengang leicht nachvollziehen können. Es werden die Übungen nicht lehrbuchhaft angeboten, sondern ganz natürlich im Gespräch. Dadurch merken die Kinder gar nicht, dass sie „belehrt" werden. Sie sind schon ganz eingenommen vom Dialog mit Theo, der vom „Geheimnis eines guten Lesers" spricht.

Kannst du das Geheimnis eines guten Lesers wiederholen?
Kreuze die richtigen Antworten an.

Ein guter Leser
a) liest viel und macht sich Bilder im Kopf. ☐
b) stellt sich alles, was er liest, lebhaft vor. ☐
c) sieht fern, während er liest. ☐

Übung 2 – Bilder im Kopf machen, S. 6

Der Text im Heft lautet folgendermaßen:

Damit du weißt, was du gelesen hast, musst du dir zum Text Bilder im Kopf machen. Das geht so:

Nehmen wir an, du liest das Wort „Blume“.
Dann stellst du dir eine Blume in deinem Kopf vor.

Du machst dir also ein Bild.

Kannst du eine Blume in deinem Kopf sehen?

Dann setzt Theo die Übung fort:

Die Kinder sollen sich nun einen Schneemann vorstellen.
Für sie ist dies keine Übung, sondern ein Dialog mit Theo.
Die Kinder erfahren dabei, worauf es beim Lesen ankommt. Es geht um Bilder im Kopf, man muss sich alles richtig vorstellen können.

Übung 3 – Lesen mit allen Sinnen, S. 7

Theo sagt den Kindern, sie sollen sich alles so vorstellen, als würden sie es tatsächlich erleben:

Nehmen wir an, du liest von einer Katze.
Dann hast du ihr Bild im Kopf.
Zusätzlich hörst du ihr Miauen oder ihr Schnurren.
Und du fühlst, wie es ist, wenn du ihr weiches Fell streichelst.
Vielleicht kannst du dir sogar vorstellen, wie ihr Futter riecht.

Probiere es gleich aus. Stelle dir nun lebhaft eine Katze vor.

Die Kinder erfahren also, dass alle Sinne eingesetzt werden können, um mit einem Text zurechtzukommen. Danach werden einige Übungen angeschlossen, mit denen die Kinder das Gelernte gleich ausprobieren können.

Lesetraining

Mit allen Sinnen lesen

Die Kinder werden aufgefordert mitzumachen.

In kurzen, einfachen Sätzen wird ein Sachverhalt dargestellt. Die Kinder lernen auf diese Weise, dass ein Text eine Aufforderung zum Verstehen, zum Vorstellen und Begreifen ist. Die kurzen Sätze sind kein Problem für die Kinder, sie werden aufgefordert etwas zu tun und sind stolz, wenn sie die Aufgabe richtig lösen können. Sie dürfen das Problem auch durch eine bildliche Darstellung lösen.

Übung 1 – Auf zum Lesetraining, S. 9

Text aus dem Heft:

Denn nur Übung macht den Meister.

Auf dem Parkplatz steht ein rotes Auto. Links neben dem roten Auto steht ein grünes Auto. Rechts neben dem roten Auto steht ein blaues Auto.

1. In welcher Reihenfolge stehen die Autos? Male sie in der richtigen Farbe an.

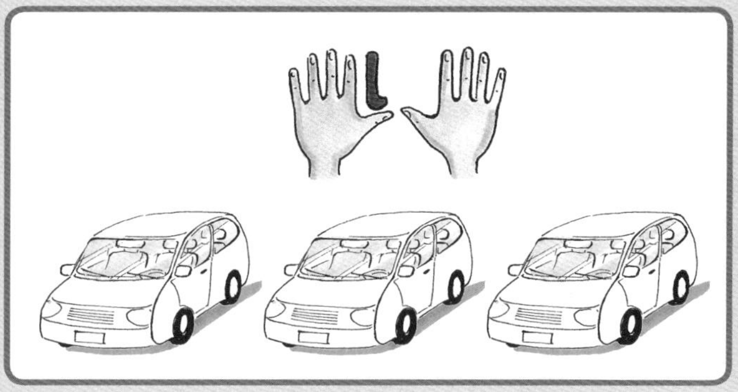

Übung 2 – Wer macht was?, S. 10

Im nächsten Kapitel geht es um bildhaftes Vorstellen und Hören:

Die Kinder sollen sich etwas als Bild vorstellen und gleichzeitig auch im Kopf das entsprechende Geräusch hören können. Es wird von Musikinstrumenten und Tierlauten erzählt.

Übung 3 – Textinhalte in Gedanken fühlen, S. 12

Die Kinder sollen den Text lesen, um dadurch eine bestimmte Aufgabe erfüllen zu können.
Der Dialog mit Theo geht also weiter.
Die Kinder sind ganz bei der Sache und können das nachvollziehen, was Theo ihnen aufträgt.
Im Anschluss an die Vorstellungsübung ist auch gleich eine „multiple-choice"-Aufgabe zu lösen.

Text aus dem Heft:

Stelle dir den Text genau vor und fühle dich in das Geschehen ein.

Bianca streichelt die Katze. Sie ist ganz flauschig.
Bernhard bekommt den Fußball auf den Kopf.
Der Kopf tut ihm weh.
Klara fällt ins Wasser. Das Wasser ist ziemlich kalt.

1. Wer bekommt den Fußball auf den Kopf?
   Kreuze die richtige Antwort an.

a) ▢ Bianca b) ▢ Bernhard c) ▢ Klara

Übung 4 – Textinhalte in Gedanken riechen und schmecken, S. 13

Bei dieser Übung kommt zum Sehen und Hören auch noch das Riechen und Schmecken als Vorstellung dazu. Es duftet nach Lebkuchen…

Lesen ist hier keine Mühe, keine Aufgabe, sondern ein Spaß!

Übung 5 – Ein Spaziergang im Regen, S. 14

In der letzten Übung dieses Abschnittes sollen die Kinder anhand einer Geschichte alle Sinne einsetzen.

Der lange Text wird nicht als „Lesetext" empfunden, sondern als spannende Geschichte. Die Kinder wollen den Text lesen, sie wollen erfahren, was hier passiert.

Damit ist die Basis für die Lust am Lesen geschaffen.

Textverständnis; Anweisungen aus einem Text entnehmen

Es sind vier Übungen angeführt. Es geht um das Verstehen der Textanweisung.

Übung 1 – Tiere anmalen, S. 15

Die Kinder müssen die Schlüsselwörter Giraffe, Schweinchen, Bär und Elefant und die dazugehörigen Farben kennen, um die Aufgabe lösen zu können. Das Tierbild hilft ihnen dabei. Hier ist der Text:

1. Male die Giraffe gelb und braun an.
2. Das Schweinchen soll eine rosa Farbe bekommen.
3. Male den Bären braun an.
4. Der Elefant ist auch noch ganz weiß.
   Male ihn in der richtigen Farbe an.

Übung 2 – Gegenstände anmalen, S. 16

Diese Aufgabenstellung ist schon komplizierter. Die Kinder müssen die Wörter Zylinder, Maus, Würfel, Tasse, Sonnenblume und Krug kennen. Außerdem müssen sie verstehen, was „genau“ heißt, was die Bedeutung der Verneinung in einem Satz meint und was der Ausdruck „in der richtigen Farbe“ bedeutet.

Hier ist der Text:

1. Der Zylinder ist grau, genau wie die Maus.
2. Male den Würfel orange an.
3. Male die Tasse nicht an, sie soll nämlich weiß bleiben.
4. Male die Sonnenblume in den richtigen Farben an.
5. Der Krug soll grün werden.

Übung 3 – Teddybären, S. 17

Hier ist ein Bild aufgezeichnet und der Text enthält Fragen zum Bild.

Übung 4 – Das Wohnzimmer, S. 18

Hier ist ein Bild von einem Wohnzimmer aufgezeichnet. Der Wortschatz ist schwieriger und auch die Aufgaben müssen verstanden werden, um das Bild mit den richtigen Farben anzumalen.

Textverständnis; Sinnzusammenhang

Dieses Kapitel enthält Aufgaben, die das Textverständnis prüfen.

Übung 1 – Leserätsel, S. 19

Text aus dem Heft:

1. Was ist gemeint?
   Male das richtige Bild an.

Wir sehen sie am Himmel.
Es gibt ganz viele davon.
Sie sind nur nachts zu sehen und nur bei klarem Himmel.

Hier muss das Kind ganz genau überlegen, was gemeint ist. Es sind drei Lösungen angegeben und nur eine stimmt.

Übung 2 – Weihnachtszeit, S. 20

Text aus dem Heft:

So ein Durcheinander! Welche Sachen passen zur Weihnachtszeit? Male sie bunt an.

Hier muss das Kind
- die Wörter lesen können,
- die Bedeutung der Wörter verstehen,
- die Sätze lesen und verstehen können,
- den Sinnzusammenhang finden (Was passt nicht?) und
- die Lösung ausführen.

Übung 3 – Leserätsel, S. 21

Hier sind verschiedene Bilder mit Tieren. Die Beschreibung passt nur zu einem Tier, das angemalt werden soll.

Übung 4 – Leserätsel, S. 22

Hier sind verschiedene Bilder mit Tieren. Die Beschreibung passt nur zu einem Tier.

Übung 5 – Rudi Tausendfüßler, S. 23

Hier geht es um eine Geschichte, die mit ein paar Sätzen erzählt wird. Die Kinder müssen die Sätze lesen, den Sinn verstehen und dann auch die passenden Antworten finden können. Diese Übung ist schon anspruchsvoller als die vorhergehenden.

Textverständnis; genaues Lesen; Konzentration

Die Kinder haben eine Reihe von Aufgaben zu erfüllen: Sie sollen einen Text lesen, den Sinn verstehen, den Text noch einmal genau lesen und dann eine bestimmte Aufgabe lösen.

Übung 1 – Eine Bootsfahrt; Im Indianerzelt, S. 25

Familie Krause macht heute eine Bootsfahrt. Familie Krause besteht aus sieben Personen und einem Hund. Da es ziemlich heiß ist, springen vier Personen und der Hund über Bord, um zu schwimmen.

Wie viele Personen befinden sich nun noch auf dem Boot?

Trage die richtige Zahl hier ein: ____________

Hier geht es also nicht um eine reine Leseaufgabe, auch Mathematik ist eingebunden.
Ebenso ist es bei „Im Indianerzelt“.

Übung 2 – Der Maibaum, S. 26

Als sichtbares Zeichen von Freude, Fröhlichkeit und Lebenskraft wird in vielen Orten ein Maibaum aufgestellt.

Als Maibaum wird meist eine sehr hohe Fichte verwendet. Der Baum wird im Wald gefällt und bis auf den Wipfel von Ästen befreit. Dann wird noch die Rinde vom Stamm geschält. Hoch oben wird der Maibaum mit einem oder mehreren Kränzen verziert. Die Kränze sind mit bunten Bändern geschmückt.

Wie sieht ein Maibaum aus?
Male das richtige Bild an.

Das Finden der Lösung erfolgt hier durch das aufmerksame Lesen der Beschreibung.

Übung 3 – Drachensteigen, S. 27

Die Geschichte vom Drachensteigen ist gar nicht einfach. Es ist zwar ein Bild dazu vorhanden, aber was wirklich geschieht, das müssen die Kinder selbst herausfinden.

Aus dem Text:

… Max sitzt in der Küche und drückt seine Nase an der Fensterscheibe platt …

Hier müssen die Kinder über die Wortarten in einem Satz Bescheid wissen – dass es z. B. Zeitwörter gibt, die aus zwei Teilen bestehen. Sie müssen bereits wissen, dass ein Teil des Zeitworts am Ende des Satzes steht, dass die beiden Teile aber zusammengehören.

Außerdem müssen die Kinder wissen, dass die direkte Rede mit Anführungszeichen versehen wird. Hier ist es auch gar nicht so leicht, den Zusammenhang zwischen den beiden Teilen der direkten Rede herauszufinden. Die Kinder müssen die Geschichte verstehen und zu einer Lösung kommen.

Vielleicht brauchen manche junge Leser Hilfe bei dieser Aufgabe.

Übung 4 – Eine spannende Zugfahrt, S. 28

Diese Erzählung verlangt schon einen geübten Leser. Der Text ist nämlich ziemlich lang. Da ist es erforderlich, dass die Kinder sich das Gelesene merken können. Die Kinder müssen auch die verschiedenen Personen unterscheiden und die Handlung nachvollziehen können.

Bei dieser Geschichte ist eine Differenzierung möglich. Es gäbe noch weitere Fragen zu beantworten, wie z. B.:

- Wohin fährt Janina?
- Wer fährt mit ihr?
- Wie viele Leute steigen ein?
- Wo sitzt Janina?

Vielleicht werden manche Leseanfänger bei dieser Geschichte Hilfestellung durch den Lehrer brauchen.

Übung 5 – Ein Gewitter, S. 29

Auch diese Aufgabe ist schon relativ schwierig gestaltet.

Die Kinder müssen sich die Gewittersituation vorstellen können. Die Kinder müssen sich auch vorstellen können, wie es ist, wenn man sich fürchtet.

Gesprächsanlass: Was passiert bei einem Gewitter?

Ausdrücke wie „es donnert“ sind noch relativ einfach zu verstehen, aber der Satz „Der Wind peitscht den Regen an das Fenster und Blitze erhellen immer wieder das Zimmer, in dem Lara schläft.“ ist nicht nur anspruchsvoll vom Wortschatz her, sondern auch der Satz selbst ist lang und kompliziert. Vielleicht wäre es eine gute Idee, den Kindern im Vorhinein zu erklären, dass man sich einen langen Satz mit „und“ in zwei Sätze zerlegen kann, zum besseren Verständnis.

Dann geht der Text weiter:

> Na ja, eigentlich schläft sie nicht. Das Gewitter hat sie aufgeweckt.

Hier müssen die Kinder bereits ein bestimmtes Vorwissen haben, vor allem was den sprachlichen Ausdruck anbelangt. Was bedeutet „eigentlich“?

> Sicherheitshalber hat Lara die Bettdecke bis unter die Nasenspitze gezogen.

Ein Wort wie „sicherheitshalber“ ist für einen Leseanfänger ein großer Stolperstein. Das Wort muss ja nicht nur erlesen, sondern auch verstanden und mit der gesamten Geschichte in Zusammenhang gebracht werden.

Textverständnis; Lesesicherheit; Erweiterung des Wortschatzes

Hier geht es um das Detailverständnis. Die Kinder müssen ein bestimmtes Vorwissen besitzen, um die einzelnen Wörter zu verstehen und auf die Fragen eine richtige Antwort zu finden.

Übung 1 – Morgens früh um sechs, S. 31

Hier geht es darum, die richtigen Sätze und bestimmte Wörter im Text herauszufinden.

Übung 2 – Die Zeichenstunde, S. 33

Hier geht es um richtige Sätze, um die Kenntnis der Bedeutung bestimmter Ausdrücke und um das Unterstreichen von bestimmten Wörtern im Text.

Übung 3 – Der Apfelbaum, S. 35

Der Text ist relativ kurz und einfach, die Übungen zum Textverständnis sind vielfältig: Die Kinder sollen eine Geschichte mit Bildern „lesen“, richtige Sätze herausfinden, ein kleines Wortsuchrätsel lösen, zusammengesetzte Wörter lesen und verstehen können und eine Zeichnung anfertigen.

Übung 4 – Katzenkinder, S. 37

Es sind nur drei einfache Sätze zu lesen und zu verstehen, die Aufgaben dazu machen den Kindern sicherlich Spaß: richtige Sätze herausfinden, Verkleinerungsformen finden und eine Zeichnung anfertigen.

Übung 5 – Geburtstag, S. 39

Auch hier geht es wieder um das sinnerfassende Lesen. Die Kinder finden viele Übungen, um zu zeigen, dass sie den Text genau verstanden haben.

Übung 6 – Miriam ist krank, S. 41

Bei dieser kurzen Geschichte geht es hauptsächlich um den Wortschatz und das Wortlesen.
Natürlich kommt es auch darauf an, was die Kinder an Vorwissen mitbringen.

Übung 7 – Kater Moritz und der Goldfisch, S. 43

Diese anspruchsvolle Geschichte müssen die Kinder sehr aufmerksam lesen, um alle Fragen zum Text richtig beantworten zu können.

Als richtige Antwort gibt es bei dieser Geschichte jeweils eine Buchstabenkombination. Das richtige Zusammenfügen dieser Buchstabenverbindungen ergibt dann die endgültige Lösung.

Urkunde S. 45

Mit der Urkunde werden die Kinder für ihr erfolgreiches Lesetraining belohnt.

Seite

5 a), b)

9 1.

grün rot blau

2.

gelb braun grau

10–11 1.

2.

Die Katze miaut. | Das Schwein grunzt. | Der Hund bellt. | Der Hahn kräht.

12
1. b)
2. b)

13
1. a)
2. c)

15

rosa | braun | grau | gelb/braun

16

grau | grau | orange | weiß | gelb/grün | grün

17
1. a)
2. Teddybären = braun; Ball = blau; Hemd = grün; Uhr = gelb; Regenschirm = rot; Schaufel = rot; Eimer = rot; Hase = weiß

18 Sofa = orange; Vorhänge = hellblau mit dunkelblauen Punkten; Lampenschirm = gelb; Bilderrahmen = violett; Teppich = braune und gelbe Streifen; Blumenstock = dunkelgrüne Blätter; Blumentopf = rot; Fensterrahmen = braun

19
1. a)
2. b)

Seite		
20		Es passen nicht zur Weihnachtszeit die Schmetterlinge, der Osterhase, die Ostereier und die Schultasche.
21	1.	b)
	2.	a)
22	1.	c)
	2.	b)
23–24	1.	a)
	2.	a)
	3.	b)
25	1.	drei Personen
	2.	sechs Personen
26		Das Bild in der Mitte und das Bild rechts sind beide richtig, da es regional unterschiedlich aussehende Maibäume gibt.
27	1.	c)
	2.	b)
28		15 Fahrgäste
29–30	1.	a)
	2.	c)
	3.	c)
31	1.	a) ☑, b) ☒, c) ☑, d) ☒, e) ☒, f) ☒
33–34	1.	a) ☑, b) ☒, c) ☒, d) ☑, e) ☒, f) ☑
	2.	b)
	3.	Zeichenstunde – Caroline – Ali – Spaßvogel – Maus – Wasser – Zeichnung – Spaß – Ordnung
	5.	Schule – Anna – Ali – Zeichnung – Buch
35–36	2.	a) ☑, b) ☑, c) ☒, d) ☒, e) ☑, f) ☒
	4.	Mutter – Haus
	5.	ist, die, den, auf, sind, voll, hat, im, in
37–38	2.	a) ☒, b) ☑, c) ☑
	3.	Bub – Bübchen, Teller – Tellerchen, Hut – Hütchen, Kind – Kindchen, Tisch – Tischchen
39–40	1.	a) ☒, b) ☑, c) ☑
	2.	Namenstag, Jahr, Rennauto
	3.	Geburtstag, Woche, ich, mich, schon, das, ein, Fahrrad, Uhr
	6.	Hausaufgaben, Schulheft
41–42	1.	a) ☒, b) ☑, c) ☑, d) ☒, e) ☒
	2.	Zahnschmerzen, Bauchschmerzen, Rückenschmerzen, Magenschmerzen
	3.	Flügel, Pfote
	5.	Medizin, Fieberthermometer, Halswehtabletten
44	1.	b)
	2.	a)
	3.	a)
	4.	b)
	5.	Lösungswort = Lesewurm

Lesetexte und Lernsoftware für Lese-Anfänger

www.mildenberger-verlag.de

ABC der Tiere 1
Lesezirkus
Bestell-Nr. 1403-92

ABC der Tiere 1
CD-ROM Einzellizenz
Bestell-Nr. 1405-94

Hexe Trixi Homeversion
CD 1: Bestell-Nr. 1400-32
CD 2: Bestell-Nr. 1400-42

Silben-Sudoku
für Klasse 1
Bestell-Nr. 1402-20

Tiergeschichten mit Mia und Mio

Tiergeschichten – Schwerpunkt Klasse 1

32 S., vierf., FeEbd, 17 x 23,5 cm	**Bestell-Nr.**
Band 1	**1404 - 01**
Band 2	**1404 - 02**
Band 3	**1404 - 03**
Band 4	**1404 - 04**
Band 5	**1404 - 05**
Band 6	**1404 - 06**
Band 7	**1404 - 07**
Band 8	**1404 - 08**
Band 9	**1404 - 09**
Band 10	**1404 - 10**
Band 1 – 10, Komplettbezug	**1404 - 12**
Arbeitsblätter zu allen Geschichten, KVs, Spiralb.	**1404 - 11**

Der Leserabe mit farbigem Silbentrenner

Leserabe – Schwerpunkt Klasse 2

vierf., FeEbd, 17,5 x 24 cm, 48 S., Lesestufe 1	**Bestell-Nr.**
Das tollste Pony der Welt	**1403 - 40**
Der verhexte Schulranzen	**1403 - 41**
Die Bolzplatz-Bande macht das Spiel!	**1403 - 42**
Piratengeschichten	**1403 - 46**
Der kleine Drache und der Monsterhund	**1403 - 48**
vierf., FeEbd, 17,5 x 24 cm, Lesestufe 2	
Das Fehlerteufelchen, 44 S.	**1403 - 43**
Krimigeschichten zum Mitraten, 44 S.	**1403 - 44**
Rettung für Flöckchen, 44 S.	**1403 - 45**
Nur für einen Tag, 44 S.	**1403 - 47**
Tierfreundegeschichten, 44 S.	**1403 - 49**
Komplettbezug Lesestufe 1 und 2	**1403 - 50**
Kopiervorlagen	**1403 - 51**
vierf., FeEbd, 17,5 x 24 cm, Lesestufe 1	
Pimpinella Meerprinzessin und der Delfin, 44 S.	**1403 - 52**
Monstergeschichten, 44 S.	**1403 - 53**
Der mutigste Ritter der Welt, 44 S.	**1404 - 50**
Nixengeschichten, 44 S.	**1404 - 51**
Baumhausgeschichten, 44 S.	**1404 - 52**
vierf., FeEbd, 17,5 x 24 cm, Lesestufe 2	
Das Hexeninternat, 44 S.	**1403 - 54**
Fußballgeschichten, 44 S.	**1403 - 55**
Kleiner Fuchs auf großer Jagd, 44 S.	**1403 - 56**
Ein Bruder für Anna, 44 S.	**1403 - 57**
Mama hat heut' frei, 44 S.	**1403 - 58**
Komplettbezug Lesestufe 1 und 2	**1404 - 60**
Kopiervorlagen	**1404 - 61**